Nachtwurzeln

Alberto Destéphen

Nachtwurzeln
© Alberto José Destéphen Soler
ISBN: ISBN: 9781791966799

Hinweis des Autors

Dies sind die Träume in der Mitte der Straßen, in denen Männer mit gefallenen Schwertern wandern. Unsere Gesichter haben Wasser; Wir haben die Neigung verloren, die uns das Licht der Sterne gibt, wir sind weit weg von der Zärtlichkeit, der Ermüdung der Freude, wir bluten aus der Abwesenheit dieser Welt, in einer Gesellschaft, die den Menschen auf den letzten Rang drängt .

Die Achse des Geistes ist die einzige Erlösung, sonst sind wir in der Dunkelheit verloren.

Dann tritt die Poesie in Form von Kugeln aus dem Herzen zwischen den Steinen hervor, die die Saiten der Gitarre treffen; da sind die blauen Tränen auf den Straßen verloren, die Schreie unzähliger Stille aller Körper ohne Begräbnis.

In der Poesie, die wir vereinen, sind es dieselben Schmerzen, dieselbe Verzweiflung, dieselben Träume, die manchmal in uns verborgen bleiben.

Lass das Licht auftauchen, das Schwert der Seele. Wir segeln zusammen zwischen den nächtlichen Wurzeln und entdecken das Licht, das aus der Konfrontation entsteht, aus dem die Kraft, Freiheit und Kraft unseres Inneren entsteht.

Nachtwurzeln

"Kunstwerke werden nicht in der Luft
geboren,
 das sind Stücke von Menschenleben
und deshalb lebendig ... "
 José Ortega und Gasset

Nachtpriestertum

Schmerzkreuz in der Brust,
Kampf der Leidenschaften.
Ich habe Nächte mit üppigen Pisten
in dem ich meine Sorgen begrabe.

Ich muss nicht enthalten
der Stolz meiner Traurigkeit.
Ich sehe die Klarheit, die entgeht
und meine Vorhängeschloss-Wut
öffnet einsame Krater.

Ich rolle in den Horizonten des Schattens
Schlangen von meinem Rücken hängen

was ich ohne Angst lerne.
Dies sind kalte, dunkle Nächte,
und ich bin nostalgisch
ein Nachtpriestertum

Paradox

Mein Verstand hört nicht bei Ihrer Uhr auf
in einem Netz von Komödien.

Tod von Vidream
Spinnen,
zerreiße das Gewicht
dass meine Augen nicht ertragen können

Im Echo meines Krampfes
Sie explodieren meine Zellen.
Kameras überwachen Routen
wo es unmöglich ist, mit Reinheit zu lachen.

Meine Kleider sind mitschuldig,
meine Schuhe, Feinde der Erde;

Ich traue nicht der Reflexion des Mondes,
In meiner Nacktheit sehe ich perfekt aus.

Die Zelle

wenn ich blut vergießen könnte
wer springt in meine adern
eliminiere den schatten in meinem tempo
und fliehen sie von dieser kreuzung ...

hoffnung
fällt ins leere
es gibt keine leiter zum nirvan
bei dieser krankheit
es schärft meine sinne.

wenn dieser lichtpunkt
ich könnte vernichten
die laster
wer erbt das verlorene paradies ...

wenn ich meine eindrücke ändern könnte
meine demenz wäre gering,
meine angst ist verschwunden.

Ich bringe

ich bringe eulenträume,
die dunkelheit der rose,
funken, die in sümpfen brüten;
namen, die auf bienen summen.

ich bringe schmerzinkubationen
in meiner trauer farbe der schwerkraft
ich bin überwältigt von deiner abwesenheit
in meiner einsamkeit
wie blut.
seltsame geräusche

wenn wir schritt für schritt gehen
kommende geräusche

sie ergreifen und treten in mein blut ein,
ich warte auf das kommando seiner
stimme.

Mein Gitarrenherz

Eine explodiert im Schlammkampf.
Schritt für Schritt
und mein Schatten
Es wurde mein Mond.

Ich spüre die Stimme des Jenseits
Meine heiße Kraft ist gefroren
die Geräusche schmelzen
um die Labyrinthe meines Flusses zu
erreichen.

Schritt für Schritt ...
meine Augen sind gesunken,
Ich höre das Stöhnen

von denen, die im Keller ihre
Vergesslichkeit schreien.
Innereien

Ich sprühe Bilder, die überlaufen
eine weitere Schande
Wach auf
für die Erniedrigten ohne Trost.

Tränen fließen
Sie suchen nach dem Halbmond des
Flusses.
Die Erde behauptet die Beute,
ohne Vergebung

Rauchen Sie Spiralen

Wütende Wut
Sonnenuntergang meiner Sehnsucht
Es gleicht das Skelett aus.

Mute,
Komplizenmesser
ich beobachte
die langsame Bewegung des Sturzes.

Flash-Bilder
entfalten
künstlerische rauchformen.

Wurzeln, die ersticken
in den Geschichten der Prophezeiung

und in Vulkanen voller Wut.

Tauben gefangen
beim Überqueren der Fallen,
 Und ich bin versunken
Komplize ...

Schutz

Ich   zünde   die   Lampen   meiner
Verzweiflung aus
im Labyrinth der Genese.
Ich entdecke den Schmerz
im steinhaus.

Das sind Ketten
die die Erde vereinen
wie Carbonschleifen
Wer schaut auf die Sonne

Ich verzichte auf meine ersten Acts
in meinen bewölkten Adleraugen

wer   kennt   die   Geheimnisse   des
Nachmittages
und sag den Vögeln Angst.

Ich lege Schlamm in die Hände.
Heilige Skulptur
Gib meinen Lungen Kraft
weinen mit schluchzen

Gipfel

Ganz oben in der Nacht
Schilder sind in meiner Brust gebildet

Fluss der Schatten

Vollmond

Am rand der farbe
der Mond rollt.

Ein Trichter der Stille
Wer fängt die Tropfen ein
brennender Schmerz
er krümmt sich in dem, was ich mir anschaue

In der Dämmerung
Es gibt blaue Räume,
harte Schalen
Sie halten meine Wunden.

Geschmack der Traurigkeit

Etwas weit weg kommt herein,
verursacht Agonie
in einem schrecklichen Abschied.

Impotenz
des Ruinenspektrums
und zerlegte Zahlen,
Sie haben Zuflucht gesucht
in den Löchern des Herzens.

Der Tau der Verzweiflung
Schalten Sie die Gedanken aus.

Die entfernte Stimme ...
er nennt mich
Ich vermisse es
sich zu Tode ausziehen
und gibt Ruder zu seinem Geschmack.

Fluss der Schatten

Ohne deinen Blick

Die Nacht ist ein weißer Selbstmord;
Glück fällt in die Brunnen
wo stille belästigt.

Meine Brust ist voller Lilien
Gefangener der Planeten,
strebt nach Klarheit.

Verblaßte Wünsche
im Fluss der Schatten,
ertrunken ...
in den Schmerzlücken geleert.

Die Wörter

Ich ersticke,
unter der Treppe
Sarkophag Fragen.

Mir geht es gut ...
will entdecken
die Falle der Formen
im Sarg der Wörter.

Verzweiflung

Hoffnung vermeiden
von meinen müden Augenlidern.
Die Tage wenden sich gegen mich
ihre Begräbnisgesichter.

Der Stern verflucht die Dunkelheit
Es führt einfache Funktionen aus.
Wie die Straßen verblassen
vom verlorenen Paradies.

Alptraum

Die Stimmen knacken,
hit
zwischen den Gläsern
voller Trugbilder

Ein Schritt ...
das im Schmerz verbrauchte Blut,
ein kindliches Vergnügen
Er übte in meiner Form aus.

Es gibt keine Männer,
Gesichter,
noch Banner
Stoppen Sie den Flug
in diesem Albtraum.

Regenbogen der Trauer

Die Kurven werden gebildet
in den Kreisen der Erinnerung
die Schlag für Schlag angreifen
meine leichten Schritte

Flammen sind Anzeichen
Wünsche
diese Erwartung
der Geschmack der Schwerkraft.

Treppenhaus verloren

dass ich suche,
wo die Adern fließen.

Wenn der Regenbogen
trauern
Dies ist der letzte Schuss, der stirbt.

Versteckter Himmel

Zweifel ...
Wahnsinn in meiner Form.
Ich schaue ...
Ich verschwinde im regen,
Ich segle in Angst
Ich fühle seltsame Küsse.

Ich versuche zu begraben
rote Ideen.
Im Labyrinth meiner Existenz

Ich möchte wiedergeboren werden,
von einem versteckten Paradies, das ich
fühle

Trauernde Verse

Vulkanische Erde
im Licht
schläft in deiner Brust,
Wo sind die Wurzeln?
etwas, das weh tut.

Er schwebt in Ihrer Nähe
meine Reinheit
Feuer
es lässt mich zweifeln

Ich sauge das Gift
es wird gebären
zu einem blauen Mond.

Meine Würmer

kein fall
Tränenstatuen
Villen Ihrer Augen,
und flehen
Lass den Schrei sein Echo verbannen.

Seltsame Figuren

Ich bin eingedrungen

Ein Schluck vom Mond
im Gewölbe eines inkognito Kusses
Es wächst im Schaum der Nacht.

Götter Würmer
gemeinsame,
in Ihrem Körper abgefüllt.

Nackter Wunsch,
Ich sinke ...

Ohnmacht
für deine träge Leere.

hübsch

Schöne, nymphenseele,
Vertreibe meinen Namen aus deinem
Sumpf

Bleib weg, verbrenne deine Augen nicht
in meinem kindlichen Ungleichgewicht.
Schießen Sie keine Pfeile
in meinen Träumen rollt es.

Deine Logik ist nicht die gleiche.
Ich wiege deine Hände

Und dein Blick verschwindet
von meinem Tod.

Dein Statuenkörper
meine Nerven eindringen
Sie werden verrückt
 und sie verraten meine Vernunft.

Meeresgeräusch

Ich gehe in deine Mitte
mein Verstand
von einem Punkt hängen
er versinkt in subtile Verbindungen.

Ein Blitz kommt herein
das herz meiner nacht
Regen von verlorenen Bildern
die meine Leere füllen

Dieser Raum verbindet sich
unendliche pfade,

Spuren, die der Mond hinterlassen hat
in seinem Fall

Unsicher und verwundbar,
Ich ziehe weg
zu den Sternen
während dein Herz
Überfluten Sie nicht das Rauschen des
Meeres.

Musa

Schöne muse,
Tanze deine tödliche Form.
Ecstasy von Tarot zur Verfügung gestellt
am späten Nachmittag.

Dein Körper schwingt mit Schwertern
verletzt meinen riesigen Schatten.
Mein Echo wächst
für deine Moosträume;
Delirium, das regiert
Mit Unsicherheit gefüllt,
meine sterblichen Wünsche

Unbekannte Formulare

Manchmal die Zeichen
mit meinen leeren händen
verlorener Schlamm
Sie ersticken meine Nacktheit.

Leere Links
in diesen Gebieten ohne Türen
Sie geben mir nicht die Antwort, um
einzudringen
die Wut deiner Zärtlichkeit.

Wenn Sie könnten, zwischen zwei Söhnen
Schmerz
Brücken bauen

dass sie das durstige Tier entdeckten
Wer wird jeden Tag geboren?
in unbekannter Weise.

Wünsche

In Hülsen verpackt,
Ich sauge die Ruinen
Sonnen festgemacht
in schrecklichen Geschichten.

Das Spektrum der Seele
windet sich
in kreisförmigen Wünschen.
Brennende Erinnerungen
begrabe das Leiden

Die Körper beneiden
beten

bei der Qual seiner Schlaflosigkeit
Terror eingesperrt
im rätsel der zeit.

Das Metall meiner Venen

Wiederholte Emotionen
Metalldrähte,
imaginäre Linien
die auswandern
in der mitte des meeres.

Das Artillerieherz,
macht Selbstmordspitzen
dieser Überlauf
seine schlüpfen

Ich, zögerlich,
stummgeschaltet

im fall deines blickes
das durchdringt
im zerbrechlichen
Stahl meiner Adern.

Index